Carla Pont

Versier jezelf met Fimo

broches • oorbellen • haarspelden

Cantecleer bv, de Bilt

Inleiding

Sieraden maken met Fimo is een hobby voor jong en oud, en met jong bedoel ik kinderen vanaf een jaar of acht, die met een beetje hulp al aardig overweg kunnen met Fimo-klei. Het kan bovendien ontzettend gezellig zijn om met een groepje kinderen of wat vriendinnen samen sieraden te maken. Je hebt ook geen al te grote hoeveelheden klei nodig, zodat het niet te kostbaar wordt.

Een aanleiding om sieraden te maken is er altijd wel, denk maar aan een geboorte, een verjaardag, feestdagen, een examen waarvan de afloop al of niet geslaagd is. Een persoonlijk gemaakt cadeautje is altijd een feest om te krijgen of om te geven. Ik wil vooral de verschillende technieken aandragen en de ideeën, waarop je eigen fantasie kan doorborduren. Zo ontstaan heel eigen sieraden, waarmee je jezelf en anderen kunt versieren. Succes.

Oegstgeest   *Carla Pont*

Benodigdheden

Om mee te werken
- gladde tegel, bijvoorbeeld plavuis
- kleine deegroller of glad flesje
- aluminiumfolie
- plasticfolie
- aardappelmesje
- etaleerspelden
- satestokjes
- cocktailprikkers
- boetseerhoutje nr.23
- oorringen
- kettelstiftjes
- haarspelden
- brochebodems
- paardestaartklemmen
- dobbers
- kerstklokje
- wettissues
- uitsteekvormpjes

Voor het maken van structuren
- kam
- schelpen
- tandenborstel
- tule

Voor de afwerking
- Fimo-lak (glans of mat)
- scoobidoodraad
- rondbektang
- schaar
- oorclips
- oorhangers
- oorstekers
- brochespelden
- sierdopjes
- lint
- draad
- veiligheidsspeld
- cellofaan
- krullint
- compactrouge
- tweecomponentenlijm (Bisoncombi snel)

2

Algemene werkwijze

Wat is Fimo?

Fimo is een boetseerklei op kunststofbasis en verkrijgbaar in ruim 40 kleuren. Het beste is de klei in de handpalmen warm te maken en daarna goed soepel te kneden. Blijft de klei stug, kneed er dan *een weinig* zacht geknede transparante klei doorheen. De klei is nu klaar om gemodelleerd te worden, uit te rollen, te vlechten, te knippen en te snijden.

Begin maar gewoon, dan wen je het snelst aan het materiaal; na de eerste misschien nog wat onhandige resultaten merk je al gauw dat het ergens op gaat lijken.

Als je een figuurtje wilt boetseren neem je altijd een simpele vorm als uitgangspunt. Meestal is dat een tussen je handen of vingers gerold balletje, waarvan je een kegeltje, een vierkantje of een langwerpig rolletje boetseert. Het rolletje dient veelal als basis voor een lijfje, armen en beentjes. Een lijfje is in het midden altijd dikker (kontje of buikje) dan de uiteinden.

Figuurtjes op of aan oorhangers maken lukt het beste door van twee gelijke basisvormen uit te gaan en in spiegelbeeld te werken. Losse onderdelen zet je stevig aan elkaar door met je vingers de klei goed aan te drukken.

Sieraden hebben nogal wat te verduren in het gebruik; maak ze daarom zo compact mogelijk, met weinig uitsteeksels. Dus, voetjes bij elkaar, mutsjes gebogen en handjes tegen het lijfje aan.

Eventuele vingerafdrukken in de klei voorzichtig gladwrijven.

Een blaadje en bloemetje, neusje en mondje zet je vast door eerst met een cocktailprikker een gaatje in de ondergrond te maken en de voorgevormde onderdelen hierin aan te brengen. Leg je figuurtje tijdens het werk op een stukje aluminiumfolie, je kunt het dan makkelijk oppakken.

Een plak klei maken lukt het beste door een rolletje klei tussen twee lagen plasticfolie met een deegroller uit te rollen. Hierna de plak met de vingers nog wat verder uittrekken en gladwrijven. Een rol klei met de vingers uittrekken en plat maken gaat overigens ook heel goed.

Pak je werkstuk in plasticfolie als je het niet in één keer af krijgt. De klei blijft zo nog enigszins soepel en is ten minste stofvrij verpakt. Onbewerkte klei blijft luchtdicht verpakt en op kamertemperatuur bewaard jarenlang goed.

Harden en lakken

Fimo-klei wordt in een gewone huishoudoven gehard (ik stel mijn elektrische oven in op 125 graden). Een magnetron is beslist ongeschikt. Zet de figuurtjes op de ovenplaat in een voorverwarmde oven. Na ongeveer twintig minuten de oven uitschakelen. Let op: pas tijdens het afkoelen wordt de klei hard. De klei is nu ook een nuance donkerder geworden. Wil je dat de eigen frisse kleur behouden blijft bij het bakken, kneed er dan direct bij het begin een beetje witte klei doorheen.

Je kunt je creaties aflakken met een speciale Fimo-lak (mat of glans), maar echt nodig is het niet. Als ik lak doe ik het altijd met matte lak, omdat ik dat net even fraaier vind. De figuurtjes worden er ook wat gladder door en trekken zo minder vuil aan.

Figuurtjes op een haarspeld geboetseerd gaan met speld en al de oven in. Als ze hard geworden zijn haal je ze van de speld, je lakt ze zo je wilt en zet ze weer op de speld met tweecomponentenlijm.

Met Fimo-klei versierde oorringen kunnen het beste op de volgende manier gehard worden. Hang de ringen aan een satestokje waarvan je de uiteinden op de rand van bijvoorbeeld een cakeblik legt. Zo hangen ze vrij tijdens het hardingsproces en blijven ze gaaf.

Oorbellen waar kettelstiftjes in zitten maak je als volgt. Je gebruikt kettelstiftjes in de vorm van een speld, dus met een platte kop. Kneed twee gelijke basisvormen. In het midden daarvan prik je een gaatje door en door met een etalagespeld, waarin je het kettelstiftje aanbrengt. Nu werk je de oorbellen verder af. Leg ze op aluminiumfolie om te harden of prik het uiteinde van het kettelstiftje in een stevige prop aluminiumfolie als de oorbel rondom gaaf moet blijven. Als je ze lakt en laat drogen moeten ze natuurlijk ook rondom vrij hangen.

Een kettelstiftje kun je op maat afknijpen met een rondbektang. Zo'n tang heeft scherpe zijkanten en een ronde punt waarmee je weer oogjes aan de draaduiteinden kunt maken.

Bij sommige oorbellen is het fraaier om de kettelstiftjes wat langer te laten en de uiteinden met een stukje kleurig scoobidoodraad te versieren. Hang de oorhangers eraan en vrolijk ook deze op met stukjes draad of fraaie afwerkdopjes. Soms moet je de oorhangers daartoe wat verbuigen met de rondbektang. Het is even een karweitje, maar het resultaat is er naar.

Scoobidoodraad is hol plastic draad dat je op verschillende manieren kunt gebruiken. Je kunt er bijvoorbeeld een ketting van rijgen met Fimo-kralen, die je gestoken op een sateprikker en steunend op de rand van een blik in de oven hebt gehard.

Brochespelden, oorclips, oorstekers en haarspelden worden gelijmd met tweecomponentenlijm, een werkje dat het beste door wat grotere kinderen of een volwassene kan worden verricht. De lijm blijft slechts vijf minuten verwerkbaar, je moet dus steeds kleine hoeveelheden nemen. Met een cocktailprikker roer je de lijm eerst goed door, vervolgens smeer je een beetje op de speld en zet deze op de broche. De broche duw je in een los propje aluminiumfolie om de vastgelijmde speld goed horizontaal te laten drogen.

Nog wat tips

Verschillende ideeën uit dit boek kunnen ook op een andere manier verwerkt worden, bijvoorbeeld door de figuurtjes op een spanen doosje te plakken, of er een memohouder van te maken door er een magneetje op aan te brengen. Potloden en/of wissellijstjes met van alles en nog wat versieren is ook een idee.

Hoera, het is een…

Meng voor de babylijfjes transparante klei en een huidkleur in eenzelfde hoeveelheid dooreen.

Rol voor een lijfje een bolletje uit tot een langwerpig rolletje; het midden hiervan wat dikker laten. Snijd met een mesje de beentjes helemaal in en draai deze bij de bovenbenen een kwartslag naar binnen, zodat het snijvlak onder komt te liggen. De beentjes glad maken en de voetjes modelleren.

Met de scherpe kant van het mesje het bilnaadje aangeven en met een etalagespeld wat kneepjes in de billetjes aanbrengen.

Rol voor de armpjes een klein stukje klei uit en snijd dit in het midden schuin door. De armpjes boetseren en het snijvlak stevig tegen het lijfje aandrukken.

Nu een voor het lijfje passend hoofd rollen en vastzetten. Prik met een speld de ogen, de neus en het mondje in. Een piepklein bolletje klei in het neusgat aanbrengen en hier de neusgaatjes in prikken. Rol voor de ogen flinterdunne bolletjes klei en zet ze met behulp van een etalagespeld in de gaatjes. Voor het mondje een heel klein bolletje klei op een cocktailprikker zetten, er een puntje aan trekken en

dit puntje in het mondgaatje plaatsen. Met de prikker het mondje vorm geven.

De strik op het hoofdje van twee driehoekjes maken, vastzetten, en een middenstukje er overheen aanbrengen.

Deze blote babytjes zijn in alle mogelijke sieraadvormen toepasbaar, onder andere op een haarspeld of vastgezet in oorringen. Hoe schattig dat kan zijn laat de afbeelding duidelijk zien.

Voor stippels, streepjes en lettertjes van een rolletje of sliertje klei kleine stukjes op maat snijden, deze wat indrukken en in de ondergrond duwen. Lettertjes sliertje voor sliertje in de klei wrijven.

Baby op balletje, dobbelsteenoorbellen en ABC-broche

Rol twee gelijke balletjes en versier deze met stippen. Prik hierin gaatjes door en door en breng de kettelstiftjes aan. Maak de babylijfjes en zet ze op de balletjes, waarna je de armpjes en de hoofdjes aanbrengt.

De dobbelstenen boetseer je van bolletjes klei. Breng de stipjes erin aan en hang ze aan een kettelstiftje.

De ABC-broche maak je gemakkelijk aan de hand van de afbeelding.

Baby in handdoek en baby in broekje (broches)

Voor de baby in de handdoek hoef je niet een heel lijfje te boetseren, je neemt maar een klein stukje klei en brengt er het hoofdje en de armpjes op aan. Voor de handdoek rol je een stukje klei uit, je snijdt dit op maat, drukt de stippeltjes erin en stopt er ten slotte de baby lekker in. Het babybroekje maak je net als de handdoek, al moet je de klei nu goed dun uitwrijven.

Baby's op een haarspeld en in oorringen

De baby op de speld eerst vastzetten en dan verder afwerken. Van de baby's voor de ringen eerst de beentjes insnijden, ze om de ringen plaatsen en dan de baby verder afwerken.

Na het harden de babylijfjes en -wangetjes nog wat kleur geven door een weinig compactrouge met een droog penseel aan te brengen. Overtollige rouge wegblazen.

Muizen op muisjes

Muizen op haarspeld en in oorringen

Voor de muizenkleur evenveel grijs en wit mengen. We gaan voor deze muisjes uit van dezelfde basisvorm. De beentjes insnijden, een kwartslag draaien en enigszins boetseren. De mouwen tegen het lijfje aanzetten en met een boetseerhoutje een gaatje onderin prikken waar de manchetten in komen. Deze worden gemaakt door een bolletje klei in een contrasterende kleur op het boetseerhoutje te zetten en dit vervolgens in de gaatjes te drukken. Voor de handjes een langwerpig stukje klei in de manchetjes aanbrengen en de vingertjes inkerven. Druk met een speld wat plooitjes in het ruggetje en zet hier een reepje klei op. De muis op de haarspeld nog een extra lapje klei op z'n achterste geven om een slobpakje te suggereren.

De kopjes voor de muizen in de oorringen worden van een bolletje klei gemaakt waaraan je al trekkend een snuitje boetseert. Geef met een etalagespeld het mondje model door het vrij diep vanuit het midden naar boven te duwen en naar links en naar rechts. Duw het bekkie met de vingers wat dicht. Tandjes kun je aanbrengen door eerst een gaatje in het bekkie te prikken en hier een piepklein stukje witte klei in te zetten; dit stukje met een mesje in tweeën delen. Verschillende tandjes op ongelijke hoogte in tweeën delen geeft net een echt gebitje. Nu het hoofdje op het lijfje plaatsen. Met de punt van het boetseerhoutje oorgaatjes in het hoofdje prikken. Twee bolletjes rollen, een beetje plat drukken, half om de punt van een houtje zetten en ze goed vast tegen het hoofdje drukken.

Ooggaatjes inprikken en er bolletjes klei in plaatsen. Nu nog een roze neusje aanbrengen en het staartje niet vergeten. Simpelweg een gaatje prikken en er een sliertje klei in vastzetten.

Beschuitbroches

Rol van de champagnekleur een bolletje klei en druk dit plat. Boetseer er een opstaand randje aan. Steek een cocktailprikker door de rand als je de beschuit later met lintjes wilt versieren en laat het houtje zitten tot de klei gehard is.

Meng wat wit door de roze en blauwe klei om de kleur van de muisjes meer te benaderen. Rol sliertjes klei uit en snijd hier stukjes van die je niet helemaal rond maakt. Druk de muisjes goed vast in de beschuit.

Het 'echte' muisje op de ene beschuit maak je als hiervoor is beschreven.

Muizebedbroche en luiermuisjesoorbellen

Een stukje klei modelleren in de vorm van het bed en er een kussentje op leggen. Maak een deel van het muizelijfje en leg dit in bed, waarna je het beestje verder afwerkt.

Het dekentje is een stukje klei wat aan de bovenkant wat platter wordt gemaakt en omgevouwen. Dek het muisje lekker toe en werk het dekentje mooi af.

Voor de luiermuisjes neem je een druppelvorm als basis, waar je al direct een kettelstiftje in kunt prikken. De luiers zijn plat getrokken lapjes klei. Geef de muisjes eerst pootjes en drapeer daar de luierstukjes omheen.

Maak de muisjes nu verder af; prik door het hoofd een gaatje en plaats het over de stiftje heen. Tot slot de oortjes vastzetten en een strikje maken.

Zomerkoninkjes

Haarspelden met aardbeien

Druk op de haarspeld en de paardestaartklem een rolletje klei.

De blaadjes die je straks ter versiering aanbrengt modelleer je met je vingers, waarna je ze plat op je werkblad legt en de randjes nog wat uitwrijft. De bladnerf kerf je er met een speld in en de bladrand geef je wat inkepingen met een cocktailprikker.

Nu wip je de blaadjes van je werkblad, vouwt ze aan de onderkant wat en versiert er de verschillende haarspelden mee.

De aardbeien vorm je ieder afzonderlijk uit een bolletje klei. Met een speld prik je er vervolgens talloze gaatjes in, waarna je ze een plaatsje geeft op je sieraad door ze met diezelfde speld, die er van bovenaf dwars doorheen is gestoken, vast te zetten tussen de blaadjes. Rol voor het kroontje drie flinterdunne sliertjes klei en prik ze in het midden op elkaar. Haal nu de speld uit de aardbei en zet het kroontje vast in het gaatje.

De grote *aardbei-oorbellen* prik je eerst voor met een speld om het kettelstiftje goed te kunnen bevestigen. De aardbei werk je verder af met gaatjes, een kroontje en blaadjes.

Voor het *mandje* een ovaal stukje klei vormen en glad maken. Op je werkvlak leggen en met een kam structuur aanbrengen. Van twee slierten klei draai je een hengsel dat je op maat snijdt en goed op het mandje drukt. Versier het geheel naar hartelust en je hebt er weer een beeldschone broche bij. De *broche in een brochekast* haal je eerst uit elkaar en je brengt vervolgens wat klei aan op het plaatje. Nu zet je de broche weer in elkaar, brengt met een tandenborstel wat structuur aan en slaat aan het versieren.

Voor de *cijferbroche* steek je met uitsteekvormpjes cijfers uit een plak klei. Druk de cijfers tegen elkaar, geef ze structuur en maak er iets moois van. Ik heb al eerder gezegd dat ik altijd lak met Fimo-lak mat, maar aardbeien lijken nog echter als je ze een extra laklaagje geeft met glanzende Fimo-lak.

Haarspelden met lieveheersbeestjes

Maak de lieveheersbeestjes als volgt. Kneed een bolletje rode klei in de vorm van een koffieboon, kerf hier met een mesje een naad in en snijd er een stukje af. Rol van zwarte klei een bolletje, druk dit wat plat, snijd er een stukje af en druk lijf en kopje met de snijvlakken tegen elkaar.

Snijd van een flinterdun rolletje zwarte klei piepkleine stukjes, rol ze tot stippen en druk ze op het lieveheersbeestjeslijf.

Voor de groenbladige haarspeld vorm je eerst een rolletje klei dat je op de speld vastzet. Nu de blaadjes met de vingers modelleren en wat uittrekken. Kerf ze met een speld in en drapeer ze op de haarspeld. Versier het blad met lieveheersbeestjes.

Voor de oorhangers kneed je wat klei rondom de draad en je brengt er met een tandenborstel wat structuur in aan. En nu aan de slag met versieren. De oorstekers rechtsonder zijn na alle ervaring zo gemaakt!

Zeg het met bloemen

Gekleurde druppels (midden), lila-witte oorbellen (boven), grote oorbellen (onder)

Meng voor de *druppels* verschillende kleuren door elkaar. Draai spiraalsgewijs een sliert en snijd die doormidden. De twee stukjes nu zo dubbelvouwen dat de snijkanten aan de buitenkant komen. Rol ze, losjes, tot gelijke ballen en boetseer er druppels van. Tot slot met een speld een gaatje in de druppels prikken en een kettelstiftje aanbrengen. Voor de *lila-witte oorbellen* wat witte en lila klei mengen; van effen lila twee druppels boetseren. Van de gemengde klei modelleer je drie blaadjes per oorbel, die je rondom de druppel vouwt. Trek nog even een puntje aan de blaadjes. Boetseer ten slotte een steeltje en druk dat stevig tegen de bloempjes. Voor de *grote oorbellen* trek je een stuk groene klei uit, waar je gemengde stukjes klei inwrijft. Uit dit lapje klei snijd je vervolgens schuine stukken waaraan je wat structuur geeft door er met tule in te drukken. De schuine stukjes drapeer je op en over elkaar. Je neemt bij dit werkje direct de kettelstiftjes mee. Deze techniek kan in eindeloze variaties worden toegepast; geen sieraad is hetzelfde.

Tulpenboeketten als broche

Boetseer wat langwerpige *blaadjes,* kerf ze in met een speld en knijp de blaadjes die onderin het boeketje komen wat tegen elkaar. Voor de stelen rol je een sliert klei uit, waar je zeven steeltjes uit snijdt die je onder tegen de blaadjes drukt. Nu ga je de *tulpjes* maken waarbij je uitgaat van een kleine druppel. Kerf het bloempje in met een mesje en draai het puntje nog wat. Onderin de tulp prik je een gaatje waar je een steeltje in vastzet. Je maakt nu een boeketje door wat tulpen, blaadjes, tulpen

en weer blaadjes te draperen. Voor de *strik* kneed je ten slotte een plat stukje klei uit, waar je weer stukjes van snijdt die je tot een strikje boetseert. Waar de stukjes elkaar raken snijd je ze schuin af, anders komt het er wat propperig uit te zien. De strikjes goed vastdrukken op de boeketbroches.

Gestileerde broche en oorbellen (links)

Met platgewreven effen gekleurde stukken klei en een ellipsvormige uitsteekvorm kun je eindeloos aan het experimenteren gaan en fraaie vormen samenstellen, zoals deze broche met oorbellen. Uit grotere ellipsvormen zijn weer kleinere stukjes uitgestoken die elders worden tussengezet. Alles steeds voorzichtig aandrukken. Het lijkt ingewikkeld, maar het is meer een kwestie van secuur werken, je kleurgevoel en fantasie doen de rest. De resultaten zijn altijd verrassend.

Bloemenbroche en oorstekers (rechts)

Je haalt het binnenplaatje uit een broche in brochekast en bekleedt het met een dun laagje klei; het teveel snijd je rondom af. Zet het plaatje terug in de broche en vouw de uitsteeksels aan de achterkant om. Geef de klei structuur met een tandenborstel. De *blaadjes* boetseer je met de vingers en met een schelp geef je er wat reliëf aan. Het *roze roosje* krijgt vorm door blaadje voor blaadje om elkaar vast te drukken en het teveel er aan de onderkant af te knijpen. De *gele bloempjes* ontstaan door een flinterdun stukje klei met de vingers op te rollen. Voor de *witte bloemen* wordt een plat uitgetrokken rondje om een cocktailprikker gevouwen. Versier de rest naar voorbeeld of naar je eigen idee. Maak een *strikje* volgens de beschrijving bij de tulpenbroches. De *oorbellen* zijn gelijke, platgedrukte rondjes, die je structuur geeft en fraai versiert.

Marinemuizen

Haarspeld en rode matroosbroche

De muisgrijze kleur kneed je van gelijke hoeveelheden witte en grijze klei. De broek rol je van rode klei die je op maat snijdt. Hetzelfde doe je met een stuk witte klei voor de blouse. Rol de klei nu wel wat dunner uit en zorg voor schone handen. Druk blouse en broek tegen elkaar en prik gaatjes in de mouwen en broekspijpen. Zet een klein bolletje klei rond de punt van een boetseerhoutje en druk dit vast in de mouwen en de pijpen, bij wijze van manchetten.

Handjes en voetjes worden wat langwerpig geboetseerd en stevig in de manchetjes gedrukt. Modelleer ze nog wat in model en kerf de nageltjes in.

Leg op het bovenlijfje wat sliertjes klei en druk ze in. Snijd een kraag uit een dunne plak klei en druk ook hier, langs de rand, sliertjes klei in. Vouw de kraag om het lijfje.

Het hoofdje maak je zoals beschreven bij de muizenbaby's op bladzijde 6.

Reddingboei-oorbellen, zeilbootbroche en oorstekers

Voor de reddingboeien witte en rode klei uitrollen, stukjes op maat afsnijden, de snijvlakken gladwrijven en rood om wit tegen elkaar drukken. Een gaatje voorprikken en hierin de kettelstiftjes plaatsen.

Van de muisjes eerst de armpjes vastzetten in de reddingboei en ze daarna afwerken als hiervoor beschreven. Voor wat betreft de oorstekers zijn de kopjes ook al eerder beschreven.

Het donkerblauwe deel van de zeilboot uit een stuk klei snijden, wat gladwrijven en inkerven met een mesje. De zeilen eveneens uitsnijden, modelleren

en vastdrukken op de romp. De lettertjes sliertje voor sliertje inwrijven. Ten slotte het matrozenmuisje maken.

Matrozenechtpaar als broche

We beginnen met het mannematrozenmuisje en rollen daarvoor de basisvorm uit. Het broekje in model boetseren met duim en wijsvinger en de broekspijpen er met een mesje inkerven. Werk de broche verder af zoals bekend en aan de hand van de afbeelding.

Voor het vrouwematrozenmuisje modelleer je een bloot lijfje, uitgaande van het basismodel. Trek een puntje aan de voetjes.

Prik voor de schoentjes een bolletje klei op de punt van een boetseerhoutje, haal het er weer af en zet het vast rond de voet.

Modelleer en versier het schoentje.

De onderrok maak je van een langwerpig rolletje klei dat je platdrukt en gladwrijft. Je plooit het strookje van je af, dus aan de bovenkant, met je vingers. Vouw eerst een plooi in het midden en druk deze wat plat met je duim. Plooi nu de strook eerst naar rechts en dan naar links. Steeds wat platdrukken anders zou de broche veel te dik worden. Vouw de onderrok om het muizelijfje heen. De bovenrok maak je nu precies zo.

Voor de korte mouwen een bolletje klei om een boetseerhoutje drukken en dit tegen het bovenlijfje aan duwen; al draaiend het houtje eruit trekken. Nu een kleiner bolletje klei om de punt van het houtje zetten en eveneens vastdrukken. Armpjes op maat rollen en vastzetten in de mouwen.

Werk het muisje verder af en vergeet tot slot de staartjes niet.

Zorg dat je er bij komt…

Berenbroches

Voor het berenbruin van snuitjes, handjes en voetjes een gelijke hoeveelheid champagne- en caramelkleurige klei mengen.

Voor de broche rechtsboven op de foto rol je voor de broek een stuk blauwe klei uit en voor de blouse een stuk witte klei; snijd de rolletjes op maat. Prik gaatjes onderin de mouwen en broekspijpen en zet hier met behulp van een boetseerhoutje contrasterende kleuren in, waarin je weer een gaatje achterlaat. Boetseer handjes en voetjes, trek er een puntje aan, en zet ze vast in mouwen en pijpen. Met een speld vingers en tenen aangeven.

De kraag snijd je uit een plakje witte klei waarin je een randversiering aanbrengt door een sliertje blauwe klei in te wrijven. Voor je de kraag vastzet op het lijfje ook nog wat blauwe streepjes aanbrengen op het lijf.

Voor het hoofd een bolletje berebruin rollen in de juiste verhouding tot het lijf. Vervolgens een klein driehoekje boetseren en op het bolletje vastzetten. Met een speld het snoetje inkerven door iets onder het midden de speld naar boven te duwen en dan naar links en naar rechts. Met de vingers nu de opening weer wat dicht duwen. Wil je een beer met een open mondje, dan de speld er weer in steken en het mondje wat open draaien. Het hoofd kan nu op het lijfje geplaatst worden.

Druk met een punt van je boetseerhoutje de oorgaatjes in. Rol gelijke bolletjes berenbruin een beetje plat, zet ze een voor een half om de punt van het houtje en druk ze vast in de gaatjes. Duw de oortjes nog wat rond met de wijsvinger.

Prik ooggaatjes in het hoofd, snijd heel kleine stukjes van een sliertje terracotta klei en zet ze vast in de gaatjes.

De matrozenpet bestaat uit een klein rondje donkerblauwe en een wat groter rondje witte klei. Vastzetten en wat modelleren.

Haarspeld, oorringen en een dubbele broche
(rechtsonder)

Rol voor de beer op de haarspeld de basisvorm uit. Snijd de benen uit en draai ze een kwartslag; boetseer met duim en wijsvinger een knietje en wrijf de klei een beetje glad.

Prik voor het vastzetten van het stompe staartje eerst een gaatje, waar je vervolgens een bolletje klei met een puntje in zet. De beer verder afwerken aan de hand van de afbeelding.

Voor de dubbele broche eerst een compleet lijf boetseren. Het broekje vormen, het bovenlijf eraf snijden en een wit bovenlijfje op het broekje drukken. Geef de broek nog een broekzak versierd met een bootje. Snijd uit een flinterdun plakje witte klei priegelig kleine stukjes en druk deze in de vorm van een bootje op het zakje. De staart in een voorgeprikt gaatje vastdrukken.

Het losse bootje is al eerder beschreven, evenals het matrozenpaartje en het maken van de oorringen.

Het vormgeven van de beresnoet is hiervoor uitvoerig besproken.

Heksen en beestenspul

Heksen en katers

Voor de oorringen met katjes twee gelijke rolletjes zo uitrollen dat de staartuiteinden smaller zijn dan de uiteinden met de pootjes. De pootjes insnijden en het lijfje om de ring vastdrukken. De achterpootjes boetseren en vastzetten.

Van een bolletje als basis het kattekopje vormen door er oortjes en een snuitje uit te trekken; met een speld het snoetje inkerven. Het kopje op het lijfje zetten en verder afwerken.

De katerbroche maak je eenvoudigweg aan de hand van de afbeelding.

De heksjes als oorbellen en de heks op de broche verschillen iets in afwerking, maar hebben alledrie de gerolde basisvorm als uitgangspunt. De vorm is ingesneden en het geboetseerde bezemsteeltje is in deze insnijding vastgezet.

De meeste technieken, waaronder het plooien op bladzijde 12, zijn al eerder genoemd, en de afbeelding en je fantasie vullen de rest in.

Koeien en kikkers

Het kikkerlijf op de oorbellen heeft een druppelvorm als basis. Voor de pootjes klei uitrollen, de rolletjes schuin doorsnijden en ze in de juiste vorm boetseren. Snijd kleine driehoekjes uit de uiteinden

en druk de pootjes stevig vast tegen het lijfje. De lijfjes zet je vast op een echte dobber. Voor de kikkerkop een lompe driehoek boetseren, die je aan de brede kant insnijdt. De zijkanten met je vingers wat inknijpen en uittrekken en de kopjes op de lijven plaatsen.

Voor de ogen een ovaal stuk kikkergroen vormen, hierop een stukje geel leggen en tot slot een klein stukje zwart in het geel drukken. Het ovaal doormidden snijden en de twee stukjes met de snijvlakken op de kop vastzetten.

De ovale broches bekleden met een laagje klei. Voor de lucht heel weinig blauw met transparante klei mengen. De rietkraag maak je door een strookje klei met een speld in te krassen en vast te drukken. De bloemen zijn piepkleine stukjes klei die je hier en daar vastprikt.

Het koeielijf en de kop apart boetseren van witte klei, waar je vervolgens flinterdunne stukjes zwarte klei inwrijft. Druk eerst het lijf goed vast en zet daarna de kop erop. De ogen zijn rondjes witte klei waarin zwarte rondjes zijn gezet.

Prik oor- en hoorngaatjes in, boetseer vervolgens oren en hoorns en zet ze vast met behulp van een boetseerhoutje of een sateprikker. Tot slot het roze snoetje op de kop aanbrengen.

Lekker naar het strand

Olifantjes

Rol voor de zwembandjes de verschillende kleuren klei uit. Snijd hier stukjes van, wrijf de snijvlakken wat glad en druk de stukjes tegen elkaar aan; zet de kettelstiftjes er alvast in.

Rol voor de pootjes de basisvorm uit en snijd de vorm doormidden. Kneed de pootjes lomp en maak ze glad en zet ze vast tegen het zwembandje. Druk er met de achterkant van een speld nageltjes in.

Neem een bolletje klei voor de kop en trek er een slurfje aan. Hieronder snijdje met een mesje een mond in het bolletje, vanuit het midden eerst naar rechts en dan naar links. Zet nu de punt van het mesje in het mondje en wrijf met je duim de onderlip over het mesje; trek een puntje aan de lip. Plaats nu de kop tussen de voorpootjes.

Prik met de platte kant van een boetseerhoutje oorgaatjes in de kop. Kneed gelijke driehoekjes, vouw ze stuk voor stuk half om het houtje heen en zet ze goed vast. Modelleer ze en druk ze nog wat tegen het kopje aan.

Voor de olifantbroche een grijs en een wit lijf modelleren. Snijd uit beide lijven het broekstuk en zet het witte broekje op de plaats van het grijze; versier het met gekleurde driehoekjes. Zet armen tegen het lijfje aan en boetseer een kopje zoals hiervoor beschreven. Priegel nog een horloge en een walkman.

IJsbeertje

Je maakt een blote beer. Het hoofdje boetseer je door een snuitje uit een bolletje te trekken. Het bekje kerf je in met een speld, waarna je het met je vingers weer wat dicht duwt. Breng de oren aan. Kneed voor de ijswafel een beetje caramelkleur door champagne.

Modelleer een hoorntje, breng met tule structuur aan en rol vervolgens de bolletjes ijs.

Voor de dot slagroom boetseer je een druppelvorm, waar je met een cocktailprikker drie inkepingen in duwt. Draai de punt wat met je vingers en zet de slagroom voorzichtig op het ijsje. Mmmmmmmm, je zou er trek van krijgen!

De ijshoorntjesoorbellen maak je op dezelfde manier. Zet er voor het harden de kettelstiftjes in.

Nijlpaarden

Voor de oorringen lapjes klei in model snijden en structuur geven met een tandenborstel; kussentjes boetseren.

De nijlpaardlijfjes maken. Uit een dun lapje klei de broek snijden, passen, de stippen erin wrijven en de broek om het lijfje vouwen. Nu de armen er tegenaan drukken.

Voor de kop boetseer je een lompe driehoek. Snijd de bek erin en prik daar weer tandgaatjes in met een cocktailprikker.

Rol stukjes witte klei met puntige uiteinden en snijd hier tandjes van die je met de puntjes in de gaatjes in de bek zet.

De ogen maak je zoals staat beschreven bij de kikkers op bladzijde 16. Nu nog de oorgaatjes inprikken, oortjes modelleren en vastzetten.

De haarspeld versier je met uitgestoken vormpjes, maar je kunt ze natuurlijk ook zelf boetseren. Geef ze een zandstructuur met een tandenborstel en breng er wat vrolijke strandattributen op aan.

De ovale broches bekleed je eerst met plakjes klei waar je weer andere stukjes klei inwrijft. Je kunt ze verder helemaal volgens het voorbeeld maken, of je eigen fantasie aanspreken.

Feest

Beren, beren, en nog eens beren

Voor de berenkleur evenveel caramel en champagnekleur mengen.

Altijd eerst het aangeklede lijfje maken voor je aan de kop begint, in verband met de juiste verhoudingen. Het boetseren van een berenkopje met oortjes staat al uitgebreid beschreven bij de berenbroches op bladzijde 12.

Bij de hangoorbellen duw je eerst een blauw kraagje onder tegen het bolletje, waarna je door en door een gaatje prikt om het kettelstiftje in vast te zetten. Als je dit gedaan hebt ga je het bolletje pas vorm geven.

De *1, 2, 3, 4, 5-broches* en de *broche met ballonnen* (op de omslag voor) maak je als volgt. Met de basisvorm als uitgangspunt de lijfjes boetseren. Met je wijsvinger de onderkant wat plat duwen en met je duim broek met buik model geven. Van de effen gele en mintgroene lijfjes de bovenkant afsnijden en hiervoor in de plaats een wit lijfje aanbrengen.

Voor de stippen in de blousjes sliertjes klei uitrollen, er kleine stukjes van afsnijden, deze wat rond rollen en vervolgens in de lijfjes drukken en wrijven.

Voor je het rokje gaat plooien eerst de stippels in de klei wrijven. Hoe je het jurkje en kraagje het beste kunt plooien vind je beschreven op bladzijde 12 (marinemuis). Als je het kraagje hebt geplooid, zal het vaak te breed zijn. Snijd dan van de platte kant een stukje af en vouw het kraagje om de hals. De cijfers snijd je uit een plak klei en wrijf je nog wat glad. De bretels snijd je uit een dunner plakje dan de cijfers en versier je naar believen. Zijn de lijfjes aangekleed dan worden de berenkopjes geplaatst. Voor het vastzetten van staarten en neusjes worden gaatjes voorgeprikt. Aan de staart- en neusbolletjes wordt een puntje getrokken dat in de voorgeprikte gaatjes past.

Boetseer de ballonnen voor de broche op de omslag. Prik er met een speld wat gaatjes in en druk ze goed tegen elkaar. Maak voor deze broche een kniestukje van een plakje klei waar je sliertjes inwrijft. Snijd hier een driehoekje uit en zet het vast op de broek. Tot slot een broekzakje, hoedjes en strikjes maken. Voor de strikken twee driehoekjes modelleren, tegen elkaar zetten en een tussenstukje priegelen.

Voor de clown met de *blauwe* broek een rolletje klei vormen, op maat snijden, ombuigen en sokjes en pootjes aanbrengen. De mouwen rollen, stipjes inwrijven, doormidden snijden, vastzetten en verder afwerken.

Het moet je nu geen moeite meer kosten om ook de haarspeld en de oorhangers nog te maken.

Op een grote paddestoel

Door groen nr.5 en rood een weinig wit mengen om de kleur fris te houden. Voor de gezichtjes van de kabouters evenveel huidkleur en transparant kneden.

Paddestoelen

Begin met het boetseren van de kegelvorm. In de hangoorbellen breng je alvast de kettelstiftjes aan. Druk vervolgens een bolletje witte klei plat en rond. Druk hierop een wat groter rondje rode klei. Plaats de punt van je boetseerhoutje onder tegen de witte klei en vorm voorzichtig het hoedjesmodel. Kerf in het wit met een cocktailprikker de juiste structuur in. Druk het hoedje op de kegel.

Rol voor de stippen een sliert klei uit. Snijd hier stukjes van die je niet helemaal rond rolt en druk ze in het hoedje.

Deur, raam en grasjes op de paddestoelbroche zijn uit flinterdunne plakjes en reepjes klei opgebouwd en waar gewenst met een speld ingekerfd.

Kabouters

Model voor de kabouters staan de marineberen en de matrozenmuizen (resp. blz. 12 en 14).

Voordat je het kabouterpaartje de schoentjes aantrekt, trek je een puntje aan de benen (vrouwtje) en het broekje (mannetje).

Zet een bolletje klei op je boetseerhoutje en kneed er een punt aan. Haal de schoen van het houtje af en duw het gaatje om het puntje aan het been of het broekje. Buig de schoenpunten nog wat naar voren en prik er met een speld structuur in. Breng nog een versiering aan. Rol voor het schortje rode stippen en wrijf ze voor het plooien in het plakje klei. Voor de rode puntkraagjes trek je een langwerpig plakje klei uit. Snijd er een ongeveer 1 cm brede reep van en snijd hier schuine punten in uit. Wrijf ze nog wat plat en wip ze dan stuk voor stuk van je werkblad. Plaats de stukjes op de schouders, dan die in het midden en vervolgens de tussenpuntjes. Voor de kaboutermuts boetseer je een kegeltje. Je steekt de punt van een boetseerhoutje vrij diep in de brede kant ervan en wrijft de uiteinden wijd uit; af en toe wel even om het hoofdje passen. Trek een punt aan de muts en druk de muts ten slotte op het kabouterhoofd.

Piep, zei de muis

Voor de muizenkleur evenveel grijs met wit mengen. De gerolde basisvorm insnijden, de beentjes een kwartslag draaien en de voetjes wat puntig boetseren. Ik beschrijf nu vast het maken van de muizekopjes, maar altijd eerst de lijfjes afwerken. Rol een bolletje en trek er een spits snuitje aan. Let op de verhouding! Kerf het mondje in model door een speld vrij diep in de klei vanuit het midden naar boven te duwen, en opnieuw vanuit het midden naar rechts en naar links. Duw het bekje met de vingers weer wat dicht en in model.

Als je de muis nog tandjes wilt geven prik je een gaatje in het bekje waarin je met behulp van een cocktailprikker een stukje witte klei zet. Duw dit stukje met een mesje enigszins in tweeën en maak de tandjes ongelijk. Plaats het hoofd op het lijfje en breng de oortjes aan. Druk ook een roze neusje vast.

Op de *paardestaartklem* wordt eerst een rolletje klei vastgedrukt; zet hierop de uitgestoken hartjes vast met de geboetseerde muizekopjes. Breng de oortjes aan en nog wat kleine versieringen. De oorstekers maak je op dezelfde manier.

De *slaapmuis* (middenonder) heeft een slaapmuts die je maakt van een geboetseerde kegelvorm. De beschrijving vind je bij de kabouters op bladzijde 22. Geef de muis ook nog een po en een knuffeldoek.

De spitzen voor de *balletmuis* (linksonder) maak je van een uitgetrokken lapje klei. Je snijdt er de juiste vorm uit en vouwt die om de voetjes. Met sliertjes klei werk je de schoentjes verder af. Het geplooide rokje werd al beschreven op bladzijde 12. Leg een stukje uitgesneden klei om het bovenlijfje heen. Zet de armen vast en breng de schouderbandjes aan. Maak je balletmuis af aan de hand van het voorbeeld of bedenk nog eigen versieringen.

Voor de *pantoffelmuisjes* eerst de zooltjes boetseren. Bovenin gaatjes prikken met spelden en die tijdens het harden laten zitten. Later in de gaatjes de kettelstiften vastzetten.

De muizen maken en een plaats op de zooltjes geven. De bovenkant in model boetseren, lekker om de muizen stoppen en verder afwerken.

De *stoelmuis* (rechtsboven) zit er wel heel feestelijk bij. Boetseer de verschillende delen van de stoel en druk alles goed tegen elkaar. De plooitjes in de armleuningen inprikken en kleine bloempjes inwrijven. Nu de muis maken. Voor het boekje eerst een kaft uit een plakje klei snijden en hierop een dikker, maar kleiner uitgesneden stukje vastdrukken.

Op de *ovale broche* worden lapjes klei opgebracht. Het blauw krijgt een structuur, het roze wordt met bloempjes versierd. Voordat je de muis achter de plint laat verdwijnen wrijf je een stukje zwarte klei in en maak je een halve muis. Het bloemenmandje en de muis maak je direct op de broche.

De *haarspeldtrein* is opgebouwd uit blokjes, plakjes, sliertjes en balletjes, waarna je er blote muisjes op en in aanbrengt. Vergeet de staartjes niet.

Sportieve beesten

De hoofdjes voor de *muizen*, de *olifanten*, de *beren* en de *nijlpaarden* staan respectievelijk beschreven op de bladzijden 6, 18, 14 en 18. De nijlpaardogen worden op dezelfde manier gemaakt als de kikkerogen op bladzijde 17.

De meeste lijfjes eerst in de oorspronkelijke kleur maken volgens het basismodel. Vervolgens een heel lijf boetseren in de broekkleur die je mooi vindt. Alle lijfjes rond de taille doorsnijden en de delen onderling verwisselen en vastdrukken. Waar je wilt versier je met stippen en sliertjes en andere zaken. Het *parachutenijlpaard* bijvoorbeeld geef je eerst zwarte stippen, waarna je er gekleurde stippen inwrijft. De *1000 kilo-beer* krijgt flinke halters met ingewreven cijfertjes. De *waterpolobeer* (midden onder) geef je een badjas van lapjes klei die je, voor je ze aanbrengt, met een tandenborstel wat structuur geeft. Als badmuts zet je een lapje klei rond het hoofd vast en de stiknaadjes kerf je in. De ovaaltjes die de oren moeten beschermen zet je er apart op en met de achterkant van een satestokje druk je er rondjes in. Er moeten natuurlijk toch nog echte bereoren worden vastgeprikt en ook nog cijfers worden ingewreven.

De kleurrijke *tennisbeer* krijgt een onderbroekje aan, waarvoor je een lapje klei in model snijdt en trekt. Het rokje plooien en de blouse maken van lapjes op maat gesneden klei; wrijf er flinterdunne stukjes blauwe en rode klei in en zwarte sliertjes. Boetseer de sportschoentjes; snijd de beentjes recht

af en duw de schoentjes goed aan. Versier ze nog wat.

Voor het racket een ovaal stukje boetseren en inkerven. Druk er een rolletje klei omheen. Een haarbandje maakt de tennisbeer af.

Voor de *wandelmuis* (rechts midden) maak je een aangekleed lijf. De draagband voor de rugzak samen met de arm goed vastdrukken. De rugzak boetseren, vastzetten en verder afwerken.

De *ski-olifant* (midden) heeft een prachtig rood pak met fraaie biesjes versierd, die gesneden zijn van een plak gemengde klei.

Hier en daar wat kerfjes aanbrengen. Van dezelfde gemengde klei maak je nog een paar lekkere oorwarmers.

De *korfballertjes* duw je voorzichtig tegen een cocktailprikker. Voor de korf worden uitgesneden strookjes klei gevlochten; dit matje wordt op maat gesneden en rondom een half bolletje klei gedrukt. Het korfje op de prikker zetten. Na het harden beer en muis met een beetje lijm tegen de paal vastzetten.

De korfballertjes en de *voetbalmuis* zijn natuurlijk niets zonder bal. Rol een bolletje klei en kerf dat in met een mesje. Uit een flinterdunne plak zwarte klei snijd je kleine stukjes die je voorzichtig op de bal drukt.

De voetbalschoenen krijgen heuse nopjes door met een prikker bolletjes klei onder de zooltjes aan te brengen.

Kerstberen

Voor de berenkleur evenveel champagne- en cara-melkleur mengen. De berelijven bloot, half bloot of aangekleed van dezelfde basisvorm rollen en insnijden; de beentjes een kwartslag draaien, de voetjes nog wat boetseren en met een speld de na-geltjes induwen.

Het hoofdje boetseren door uit een bolletje een snuitje te trekken; het bekje kerf je er met een speld in, waarna je het met je vingers weer wat dicht-duwt.

Voor de *kerstmutsbeer* een zuurstok rollen van twee gelijke rolletjes klei. Snijd de stok op maat en druk hem tegelijk met de armen tegen het lijfje aan. De muts is gemodelleerd van een geboetseerde kleikegel; om de rand drapeer je een sliert witte klei. Werk het sluitnaadje af door de punt van de muts hier op te duwen. Tot slot druk je een inge-prikt bolletje klei op de punt. De beeldschone *haarspelden* zijn eerst versierd met uitgestoken hartjes en lettertjes. De randjes een beetje gladwrij-ven.

Op de hartjes de berekopjes vastdrukken, oorgaat-jes prikken en de oren vastzetten. Breng ook nog wat blaadjes ter versiering aan. Boetseer deze met je vingers en kerf ze in met een speld. Geef de rand van de blaadjes wat inkepingen en druk ze ten slotte goed vast op de kopjes. De besjes maken het af.

Op de speld met de letters eerst de blote lijfjes een plekje geven. Uit een langwerpig stukje platge-drukte en getrokken klei een jasje boetseren. Voor de mouwtjes een bolletje klei om de punt van een boetseerhoutje zetten en op het jasje vastdrukken. In de gaatjes de armpjes duwen, waarna je de jasjes verder afwerkt.

De *steroorbellen* op dezelfde manier maken als de hartjes op de haarspeld.

Voor de *kerstboombroche* ook een uitsteekvorm gebruiken, of een kerstboom op papier tekenen, uitknippen, op de klei leggen en het model uitsnij-den. De randjes gladwrijven en het geheel naar hartelust versieren.

De *kransoorbellen* bestaan uit twee om elkaar heen gedraaide kleirolletjes, waar je eerst de kettelstifjes in vastzet. Voor de berelijfjes boetseer je twee ke-geltjes, je rolt de beentjes, snijdt ze op maat en zet ze tegen de lijfjes. Geef de beertjes een rood jasje aan en druk ze goed vast in de kransjes. De mouwt-jes en armen aanbrengen en de beren verder afwer-ken.

De *klokberen* (rechts onder) maak je op dezelfde manier. Wel eerst de kettelstiftjes in de kegeltjes vastzetten. De klokjes in de armen duwen en mee harden.

Ter afsluiting van al dit feestelijks maak je nog een beer met een prachtige *kerstjurk* (midden). Het in-leggen van de fraaie plooien moet je inmiddels geen moeite meer kosten.

Voor lekkerbekken (achterkant omslag)

Engelse drop

Alle kleuren die je wilt gebruiken soepel kneden en in rechthoekige plakken uittrekken. De plakken op elkaar leggen en goed vastdrukken. Van deze gestapelde klei snijd je nu blokjes in verschillende maten. De staafjes drop zijn gewoon gesneden van een uitgerold stuk zwarte klei. Voor de beklede dropstaafjes rol je eerst een stuk zwarte klei dun uit, waarna je er een plat stuk klei omheen wikkelt dat je mooi glad wrijft. Hiervan snijd je dan weer Engelse dropjes op maat.

De oorbellen zijn gestapelde dropjes of bestaan uit een enkel blokje. Met een speld prik je een gaatje voor waarin je de kettelstiftjes vastzet.

De zwarte ellipsvormige oorhangers trek je aan een kant open en je rijgt er de voorgeprikte dropjes op. Let goed op dat je in spiegelbeeld werkt en stapel gelijke blokjes op.

De haarspelden versier je met blokjes en staafjes drop die je voorzichtig tegen en op elkaar drukt. Bovenaan de afbeelding zie je nog een leuke broche. Lijkt het niet net echte Engelse drop?

Wel uitkijken met kleine kinderen in de buurt, ze mochten eens trek krijgen!

Spekkies en biggen

Stapel ook nu uitgetrokken laagjes klei op elkaar en snijd er schuine spekkies van; boetseer ze nog wat in model. Op de afbeelding zie je oorbellen van enkele en gestapelde spekjes.

Voor de ketting steek je de spekjes op een sateprikker. Rol en prik ook nog wat kralen. Het varkenskopje wordt van een bolletje klei gemaakt, waar je ook eerst een sateprikker doorheen steekt.

Het snoetje vorm je van een rondje klei; prik er diepe neusgaatjes in. Voor het vastzetten van de oren prik je gaatjes in het varkenskopje met de punt van een boetseerhoutje. De oren zelf modelleer je van een spekjesmodel; prik ze goed vast en vouw ze om.

Prik de ooggaatjes in het kopje en zet er bolletjes klei in. Druk nog een spekjesstrik onder de kin. Tot slot na het harden en lakken spekkies, big en kralen op scoobidoodraad rijgen.

Biggetjes

Alle biggetjes, groot of klein, maak je volgens het basismodel zoals onder de algemene werkwijze is beschreven, en modelleer je in vorm. Nageltjes inkerven, tepeltjes inprikken en het krulstaartje maken. Het hoofdje boetseren als bij de ketting is beschreven.

Het biggetje met de zwarte broek maak je als volgt. Rol het basismodel uit zwarte klei; de onderkant van de broek plat drukken en met duim en wijsvinger de broek verder modelleren.

Met de achterkant van een mesje de broekspijpen aangeven. Prik er gaatjes onderin en zet daar de geboetseerde pootjes in, waaraan je eerst een puntje hebt getrokken om ze steviger te kunnen vastzetten.

Het broekje aan de bovenkant afsnijden en er een stukje roze lijf stevig op vastdrukken. Het biggetje verder afwerken volgens de afbeelding.

Cantecleer Hobbywijzers

Cantecleer Hobbywijzer

clowntjes · beertjes · poppetjes

Marianne Perlot

Cantecleer Hobbywijzer

Marianne Perlot
Kaarten van vilt en Vliesofix

FIMO
CADEAUTJES
voor elke gelegenheid

Els Bijl - Goutier

Schilderen met zand

Cantecleer Hobbywijzer

Marianne Perlot
Nieuwe interieurdecoraties
van lapjes en piepschuim

met patronen op ware grootte

FANTASIEFIGUREN
VAN FIMO
met patronen op ware grootte

Cantecleer Hobbywijzer

FIGUURZAAGMODELLEN
IN EEN LIJSTJE

LAMPEKAPPEN EN
STOFDECORATIES
met patronen

Riekje

Boetseren
met brooddeeg

Lucy Goutig-Sieting

met patronen op ware grootte